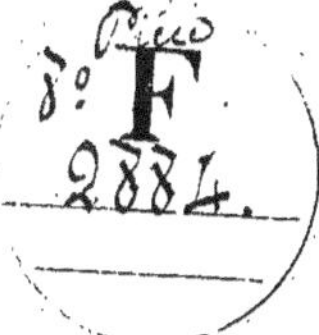

Publications de Me Litzelmann
en Matière de Propriété Industrielle

LA
Convention Internationale
DU 20 MARS 1883
ET LE
Congrès de Vienne
DES 2 et 7 OCTOBRE 1897

Extrait du Journal l' « Industrie Française »
(31 Octobre, 15 et 30 Novembre 1897)

A l'Office International de Brevets d'Invention, dessins
et modèles, marques de fabrique et de commerce
BUREAUX : **28, rue St-Georges, PARIS**

PARIS
IMPRIMERIE DU JOURNAL L'INDUSTRIE FRANÇAISE
14, RUE DE LANCRY, 14

1897

COMPOSÉ SUR MACHINE " THORNE ". — 160-12-97.

BREVETS D'INVENTION

Dessins et Modèles. Marque de Fabrique et de Commerce

OFFICE INTERNATIONAL

Fondé en 1886 par **E. DUMAS**, Ingénieur-Conseil

LITZELMANN et TAILFER, Succrs

L. LITZELMANN	L. TAILFER
Avocat-Conseil	Ingénieur des Arts et Manufactures
Publications et Consultations	Consultations, Études
Procès en Contrefaçon	et Travaux techniques

BUREAUX : **28, Rue Saint-Georges, PARIS**

Correspondants et Représentants dans toutes les capitales et principales villes

---

Paris, le 1897.

M

Nous avons l'honneur de vous adresser le compte-rendu du dernier Congrès de Vienne avec notre courte discussion des résolutions votées.

Vous y trouverez des renseignements sur plusieurs points vous intéressant, concernant la Convention Internationale du 20 Mars 1883.

Si vous avez besoin de renseignements complémentaires, nous vous les adresserons volontiers sur votre demande.

Si vous désirez faire différents dépôts de Brevets ou de marques dans les pays de la Convention Internationale, ou dans d'autres pays, nous nous chargerons de ces dépôts.

Dans l'attente de vos ordres, nous vous prions d'agréer, M , nos salutations empressées.

LITZELMANN et TAILFER.

LA

CONVENTION INTERNATIONALE

DU 20 MARS 1883

ET LE

CONGRÈS DE VIENNE

DES 2 et 7 OCTOBRE 1897

Nous tenons de notre confrère et ami M. E. Mack. Avocat à la Cour d'Appel de Paris, le compte-rendu du dernier Congrès de la Propriété Industrielle tenu à Vienne les 2 et 7 octobre 1897.

Nous donnons d'abord la parole à M. E. Mack lui-même pour nous donner quelques renseignements sur la tenue même et les travaux du Congrès.

Nous nous réservons ensuite, à propos des résolutions votées, non pas de les discuter, ni de les examiner à fond, (car beaucoup d'entr'elles ont déjà, dans les divers pays du monde, fait couler beaucoup d'encre et en feront couler beaucoup encore avant leur solution définitive), mais de les souligner simplement des quelques courtes réflexions que nous aura suscitées leur simple lecture et qui si nous avions été nous-même membre du Congrès, nous les auraient fait voter avec la grande majorité des Congressistes. Nous imaginons que cette discussion, sans autre prétention doctrinale, édifiera nos lecteurs sur différents points qui les intéressent et leur donnera une idée exacte des avantages créés par la Convention Internationale et de ceux que réserve l'avenir.

« Très intéressant a été le premier Congrès tenu dans la capitale de l'Autriche par l'Association récemment fondée à Bruxelles pour la protection de la propriété industrielle. Un certain nombre de nos confrères, qui s'occupent plus spécialement de ces questions, des ingénieurs et plusieurs représentants de nos grandes industries, s'étaient joints à notre ancien bâtonnier Me Pouillet, toujours infatigable et toujours sur la brèche dès qu'une propriété a besoin d'être protégée, pour aller défendre là-bas, avec les droits, les intérêts des Inventeurs, des commerçants et des industriels français.

Il s'agissait avant la réunion prochaine de la Conférence diplomatique qui aura mission de réviser la Convention d'Union de 1883, de trouver un terrain d'entente pour lever les scrupules de certains Etats qui n'y ont pas encore adhéré et, en ce qui touche nos nationaux, de chercher avec le souci de leurs véritables intérêts, sans rien abandonner de ce qui les défend contre la concurrence étrangère, les meilleurs moyens de leur assurer dans les autres pays la réciprocité de la protection que nos lois ont toujours libéralement accordée aux étrangers dont les découvertes nous profitaient ou les produits nous étaient utiles.

La protection des inventions, des marques de fabrique et de commerce, des dessins et modèles industriels, la réglementation des indications de provenance et la répression de la concurrence déloyale formaient autant de chapitres du programme du Congrès; chaque matière avait fait l'objet pour chaque pays, de rapports spéciaux que notre rapporteur général avait condensés de façon à imprimer aux travaux des séances une unité de direction dont chacun s'est félicité. Son remarquable travail, dont il a fait lui-même le commentaire verbal, traduit suivant les besoins par les autres secrétaires du Congrès, a constamment servi de guide aux discussions, et grâce à l'esprit conciliant dont, comme lui, chacun a fait preuve, grâce aussi et surtout au soin consciencieux avec lequel les solutions proposées étaient étudiées, la plupart des formules et des conclusions de ce rapport ont été approuvées et votées tant par les sections que par l'assemblée plénière ».

RESOLUTIONS VOTEES.

Dispositions générales.

PREMIERE RESOLUTION. — Il y a lieu de modifier l'art. 3 de la Convention de Paris en ces termes :

« Est assimilé aux sujets ou citoyens des Etats contractants le sujet ou citoyen d'un Etat ne faisant pas partie de l'Union, qui (dès le moment du dépôt de sa demande de Brevet, de sa marque ou de son dessin ou modèle) est domicilié ou possède son principal établissement commercial ou industriel sur le territoire de l'un des Etats de l'Union ».

Voila le nouveau texte auquel aboutit le Congrès.

Dans une des dernières séances de la Conférence internationale de 1883, les rédacteurs de la Convention qui forme actuellement la base de l'Union pour la protection de la propriété industrielle ont été frappés de la considération que, si la Convention n'était applicable qu'aux sujets et citoyens des Etats contractants, les ressortissants des Etats non contractants, qui auraient leur domicile, leur industrie ou leur commerce dans un des pays de l'Union, ne seraient pas admis au bénéfice des dispositions de la Convention, ce qui serait contraire à l'état des choses existant dans la plupart des pays, où les étrangers établis sont assimilés aux nationaux en matière de brevets et de marques de fabrique. On a obvié à cet inconvénient en ajoutant à la Convention un nouvel article, l'article 3 actuel, lequel est conçu en ces termes :

« Sont assimilés aux sujets ou citoyens des Etats contractants les sujets ou citoyens des Etats ne faisant pas partie de l'Union, qui sont domiciliés ou ont des établissements industriels ou commerciaux sur le territoire de l'un des Etats de l'Union ».

Cet article, comme d'ailleurs les autres articles de la Convention, a vraiment une histoire qui a commencé avec la Convention même ou le Règlement pour l'exécution de cette Convention. Dans les comptes-rendus de la Conférence de Rome, nous trouvons déjà la trace de discussions analogues, sinon identiques à celles qui ont dû se produire au Congrès de Vienne. Diverses questions ont été agitées dès cette époque sur lesquelles nous ne voulons point revenir; aujourd'hui nous voulons seulement insister sur les termes mêmes du nouveau texte voté.

« Dès le moment de sa demande de brevet, de sa marque ou dessin ou modèle »; c'est-à-dire qu'il faut qu'il y ait droit acquis, position prise avant le dépôt; position sérieuse bien entendu, mais dont la date plus ou moins récente ne pourra pas être discutée.

« Est domicilié ou possède son principal établissement industriel ou commercial sur le territoire de l'un des Etats de l'Union ».

Ce mot de principal établissement a toute une portée qui se comprend. Aucun droit, en dehors du principal établissement; à l'industriel ou commerçant de se créer et de se mesurer pour ainsi dire le droit qu'il veut acquérir.

L'admission est libérale, mais veut être justifiée; voilà bien la note actuelle qui est la vraie.

DEUXIEME RESOLUTION. — « Il y a lieu de supprimer dans l'art. 4 de la Convention les délais spéciaux pour les pays d'outre-mer ».

Avec l'ancien texte on avait discuté sur le point de savoir quels seraient précisément les pays considérés comme pays d'outre-mer. Avec le temps, on eût, nous le croyons, fait des distinctions. La rédaction proposée supprimerait toute difficulté; à quoi bon, en effet, différencier les pays, dès que (voir plus loin) on étend les délais à un an.

TROISIEME RESOLUTION. — « Il est à désirer que la Conférence de Bruxelles, émette le vœu que les Etats de l'Union complètent le plus promptement possible leur législation dans les différentes branches de la propriété industrielle et mettent leurs lois respectives d'accord avec la Convention ».

Il suffit d'être, comme nous, par profession, aux prises avec les difficultés qu'engendre cette absence de concordance pour comprendre la nécessité des modifications demandées; certains articles des législations étrangères jurent avec le texte de la Convention; d'autres, nouvellement refaites, s'en sont sensiblement rapprochées; plusieurs même l'ont à peu près reproduite en certaines parties; mais une sorte de retouche générale, dans le sens de la Convention, est en effet désirable. Le jour où les différents pays l'ont signée, ils en ont, pour ainsi dire, assumé l'obligation par avance.

Bien des points sur lesquels il n'y a pas concordance, ont fait difficulté et ont été tranchés diversement; pour notre part, et dès aujourd'hui, nous serions d'avis que les principes de la Convention soient avant tout appliqués dans les conflits avec les législations particulières.

C'est l'acte international qui doit primer; chacun des pays co-signataires doit à sa signature d'abdiquer en sa faveur.

BREVETS D'INVENTION.

PREMIERE RESOLUTION. — « Il y a lieu de supprimer dans l'article 4 alinéa premier les mots « et sous réserve des droits des tiers ».

Voilà bien en effet six mots qu'on aurait bien fait de ne point inscrire à la Convention, puisque dès cette convention même, on n'a pu s'entendre sur leur interprétation. Que d'articles à ce sujet écrits dans les différents pays, que de décisions des différentes jurisprudences et que de discussions dans les conférences; nous nous souvenons d'avoir lu, dans la propriété industrielle de Berne, il y a peu de temps, des réflexions à ce sujet écrites par un auteur qui proposait en somme, en la présentant comme la meilleure, une quatorzième interprétation qu'il donnait comme inédite.

Il est vraiment regrettable et tout au moins singulier qu'un article de loi destiné en somme à régler les intérêts industriels puisse donner lieu à de pareils doutes; le public a bien raison de se demander à quoi pensent les législateurs et s'ils considèrent que son argent doive servir à payer leurs recherches ou leurs erreurs: concluons de tout ceci que la suppression de ces fameux six mots devrait être faite, et depuis longtemps.

DEUXIEME RÉSOLUTION. — « Il y a lieu de supprimer dans le deuxième alinéa de l'art. 4 les mots « par un tiers ». Sur ce point encore, articles écrits, discussions de Conférences, interprétations diverses des jurisprudences, étonnement du public, révolte des intérêts lésés. Quelle a été au juste la pensée du Congrès de Vienne. On peut se le demander? La publication de l'Invention ou son exploitation par un tiers n'invalideront pas le dépôt; c'est entendu, mais la publication ou l'exploitation par l'inventeur lui-même ou son ayant cause l'invalideront-ils ou non? C'est encore une question douteuse, diversement résolue dans différents pays, qu'il aurait ma foi, bien fait de trancher d'une façon décisive.

TROISIEME RESOLUTION. — Il y a lieu d'intercaler dans l'article 4 de la Convention de Paris, après le deuxième alinéa, un alinéa supplémentaire ainsi conçu :

« Le droit de priorité pourra être invoqué par les ayants droit de celui qui aura déposé la demande originaire du Brevet, le dessin ou modèle industriel ».

Cette résolution répond à la question qui s'est posée, par exemple, de savoir si le concessionnaire d'un Brevet pris par son cédant dans un des pays de l'Union peut prendre lui-même en son nom le même Brevet dans les autres pays, en profitant du délai de priorité. Au fond, le doute sur cette question ne peut guère s'élever. En toutes matières le droit des ayants cause est le même que celui de leurs auteurs; les législations nouvelles nous le savons, ont eu la précaution de le stipuler, mais encore une fois la chose nous paraissait aller de soi et ne point motiver véritablement une résolution particulière.

QUATRIEME RESOLUTION. — « Le Congrès, à la presque unanimité vote le maintien du point de départ du délai de priorité à la date du dépôt de la demande originaire, puis par un vote distinct l'extension à un an de ce délai de priorité ».

Des réclamations s'étaient élevées de plusieurs côtés, venues d'abord des pays d'examen préalable.

En raison des délais employés dans les pays d'examen préalable par l'examen de leur 1re demande, les inventeurs trouvèrent trop courts pour le dépôt privilégié, de leurs autres demandes, ceux octroyés par la Convention. Il leur semblait inutile ou imprudent de risquer leurs nouveaux dépôts avant d'être fixés sur le sort du premier. La possession de leur brevet national les inquiétait tout d'abord et paralysait leur initiative à l'Etranger.

Ces réclamations devaient être entendues.

A la condition de ne pas laisser trop longtemps incertaine et comme suspendue la question de savoir si l'invention tombera dans le domaine public, faute de protection légale, et si d'autres brevets peuvent être pris pour perfectionnements, cette concession devait être faite par les Unionistes.

Renfermée dans des limites calculées, cette concession loin de dénaturer le principe de la faveur faite par la Convention, et d'en altérer l'esprit, n'en est au contraire que le développement naturel et l'application.

Au nom du droit international, comme dans l'intérêt de l'accession possible ou prévue de certains grands pays à la Convention, nous ne pouvons, pour notre part, que souscrire à cette résolution du Congrès. Nous imaginons que Me Mark et d'autres orateurs se seront fait facilement écouter en soutenant cette juste revendication.

D'une autre part, il est constant que le délai actuel de 6 mois est insuffisant pour les inventeurs des pays qui n'ont pas cet examen préalable. Pas d'examen, mais retards des bureaux qui influent sur l'imagination des inventeurs que d'autres préoccupations inséparables de l'invention même et d'ordre souvent matériel envahissent et achèvent de paralyser; d'où impossibilité prolongée de profiter de la faveur offerte par la Convention dans les délais de six mois.

M. Armengaud jeune, porteur d'un vœu du syndicat des ingénieurs-conseils avait toute autorité et toutes raisons en mains pour accuser ce point particulier de l'insuffisance du délai.

L'extension à un an du délai de priorité (avec maintien du point de départ de ce délai à la date de la demande originaire) se justifie donc par un double motif et réaliserait, à vrai dire, un double intérêt.

CINQUIEME RESOLUTION. — Le Congrès vote par acclamation la résolution suivante:

Il y a lieu d'intercaler après l'article 4 une disposition ainsi conçue:

« Les Brevets demandés dans les différents Etats contractants par des ressortissants de l'Union seront indépendants des Brevets pris pour la même Invention dans les autres Etats adhérents ou non de l'Union.

Cette disposition s'appliquera aux brevets existant lors de sa mise en vigueur.

Il en sera de même, réciproquement, en cas d'accession de nouveaux Etats, pour les Brevets existant de part et d'autre au moment de l'accession ».

Voter par acclamation c'est fort bien : et cela semble vouloir emporter la question d'assaut. Elle est pourtant plus grosse à l'examen qu'il ne paraît à première vue : la plupart des législations, en cas de Brevets étrangers antérieurs, consentent elles-mêmes des Brevets à condition qu'ils s'éteindront, les uns avec le Brevet étranger le plus long, les autres en grande majorité, avec le plus court, toutes stipulent d'une façon générale la caducité du Brevet national à l'époque où tombera le Brevet pris d'abord à l'étranger, quelques unes refusent la vie aux Brevets importés de l'étranger au-delà d'un certain nombre d'années. Il semble, il faut l'avouer, que tous les Brevets pris en raison de la Convention, en vertu même du droit de priorité, devraient porter la même date et ne point être subordonnés pour le reste de leur vie les uns aux autres. Des législations nouvelles octroient en effet le droit de faire remonter les nouveaux Brevets à la date du premier, mais en faisant une demande spéciale. Ces législations se sont en réalité avancées les premières dans la voie indiquée, mais toutes voudraient-elles les suivre, l'esprit de cette réforme sera-t-il généralement compris et cela cadrera-t-il avec l'esprit de certaines législations, le caractère de certains peuples et leurs idées en matière de Brevets.

Nous ignorons si les Congressistes ne se sont point laissé emporter par leur désir de voir une réglementation générale aboutir dans le sens et l'esprit de la Convention et s'ils ont bien foi dans la réponse qu'ils votent ainsi par acclamation.

SIXIEME RESOLUTION. — Sur la proposition du rapporteur général, fortement appuyé par M. Imer-Schneider, le Congrès a voté la résolution suivante, empruntée pour partie à la formule proposée par ce dernier et pour partie à celle présentée par le Bureau de Berne.

« Le Brevet délivré à un ressortissant de l'Union ne pourra être déclaré déchu pour cause de non exploitation dans le pays où il a été délivré que si, après l'expiration d'une période de 3 ans à dater de la délivrance du Brevet, le breveté a repoussé une demande de licence présentée sur des bases équitables, par un industriel ayant son principal établissement dans ledit pays ».

Sur ce point nous trouvons une variante dans le texte de la résolution publiée par la Propriété Industrielle du 31 Octobre 1897.

Le vœu y est ainsi reproduit:

« Le Congrès est d'avis qu'il sera nécessaire, dans l'avenir, d'abandonner, en principe, l'obligation d'exploiter ».

Voilà bien la question qui a été le plus discutée entre celles qui l'ont été le plus, dès le jour où la Convention de 1883 édictait son article 5 ainsi conçu:

« L'introduction par le breveté, dans le pays où le Brevet a été délivré, d'objets fabriqués dans l'un ou l'autre des Etats de l'Union n'entraînera pas la déchéance.

Toutefois, le breveté restera soumis à l'obligation d'exploiter son Brevet conformément aux lois du pays où il introduit les objets brevetés ».

Le texte pouvait paraître clair et cependant, étant donné certaines législations, l'obligation paraissait si dure qu'on a voulu l'adoucir et qu'on s'est livré à cet égard à toutes sortes d'interprétations.

La Conférence de Madrid en 1891, après la Conférence de Rome en 1886, avait rédigé un quatrième arrangement contenant l'interprétation du mot exploiter. S'agira-t-il d'une sorte d'exploitation mixte, au sens international, que paraissait impliquer la Convention même? Non, répond-on, mais d'une exploitation particulière entendue au sens de chaque législation. Cela pouvait paraître illogique mais n'en était pas moins la solution adoptée par les différentes jurisprudences et voulue par le texte même de la Convention.

Mais le temps a marché, et les idées de progrès avec lui.

Dans tous les pays la question de la nécessité de l'exploitation a été examinée sous ses différents aspects au point de vue de tous les intérêts en jeu.

Nous trouvons la trace de ces discussions dans les délibérations du Congrès de Vienne.

Ces délibérations ont dû être grandement éclairées par le livre récemment paru de M. von Schutz traitant de la suppression de l'obligation d'exploiter.

Sorti pour ainsi parler de l'usine Gruson de la célèbre Maison Krupp, ce livre ne devait pas passer inaperçu.

L'ensemble de la question y est traité ex professo; les diverses raisons de décider y sont successivement examinées et M. von Schutz aboutit en dernière analyse à cette conclusion que la suppression de l'exploitation décrétée unilatéralement dans un pays ne pourrait être que d'une utilité restreinte au point de vue du développement général de l'industrie, et la suppression, dit-il, des barrières en matière d'exploitation ne peut se faire qu'en suite d'une entente internationale.

Nous verrons ce que décidera sur cette importante question de l'exploitation la Conférence diplomatique de Bruxelles.

On concevrait, en raison de la grande diversité des intérêts une solution mixte, un arrangement spécial entre Etats Unionistes plutôt qu'une adjonction à la Convention générale.

La solution finale n'interviendrait que par la suite, après épreuve.

Nous ne croyons pas quant à nous à la maturité du progrès en question.

SEPTIEME ET HUITIEME RESOLUTION. — Il y a lieu d'ajouter à l'article 11 de la Convention un alinéa ainsi conçu :

« Les demandes de protection temporaire seront publiées par le bureau international, suivant un règlement d'exécution qui sera rédigé d'accord entre les gouvernements et pourra être modifié en dehors des Conférences de révision ».

Il y a lieu d'insérer dans la Convention l'article suivant :

« Le bureau de l'Union internationale publiera périodiquement un catalogue, par classes, de tous les Brevets publiés dans les différents pays et adressera ce catalogue à tous les Etats de l'Union, en nombre suffisant d'exemplaires ».

Dispositions d'ordre se complétant l'une l'autre, ayant chacune leur utilité spéciale pour les renseignements dont ont besoin les inventeurs et auxquels ont droit les Unionistes.

NEUVIEME RESOLUTION. — « Il est à désirer que la Conférence de Bruxelles donne mission au Bureau international de préparer un avant projet d'entente sur l'unification des formalités exigées, dans les Etats de l'Union, pour le dépôt des demandes de Brevets, ainsi que sur la classification des Brevets, et que le Conseil Fédéral Suisse prenne l'initiative d'une convocation des gouvernements intéressés pour examiner cet avant projet dans une Conférence dont le lieu sera immédiatement déterminé ».

Cette dernière résolution en matière de Brevets contient le vœu d'une réforme essentielle, et l'on peut dire que l'unification des formalités exigées dans les différents Etats de l'Union pour le dépôt des demandes de Brevets serait (qu'on nous pardonne le barbarisme) le dernier mot de l'internationalité.

Mais demander à chaque nation d'abdiquer, même en ce point secondaire, comme une part de son génie propre pour modifier toute une partie de la loi qu'il lui a fait édicter, cela paraît osé, et l'intérêt des Inventeurs, à supposer qu'il y trouve toute satisfaction, autorisera-t-il suffisamment pareille prétention?

Nous comprenons bien que le Congrès ait donné sur ce point mission au Bureau international de préparer un avant projet et de prendre l'initiative d'une convocation des gouvernements intéressés pour examiner cet avant projet dans une Conférence; nous trouvons là précisément l'aveu de la difficulté que comporte la question, comme la prévision de la défaite, avant la bataille.

MARQUES DE FABRIQUE ET DE COMMERCE

PREMIERE RESOLUTION. — « Il n'y aurait pas d'inconvénient, si certains Etats réclamaient avec insistance, à régler le délai de priorité pour les marques de fabrique ou de commerce en ces termes: le délai de priorité pour les marques aura comme point de départ la date de la première demande et s'achèrera trois mois après l'enregistrement accepté dans le pays où cette première demande aura été faite ».

Plusieurs législations en effet ont institué et organisé l'examen des Marques, comme celui des Brevets. En conséquence, si le délai de six mois est court pour les Brevets, celui de trois mois peut aussi l'être pour les Marques. Nous devons noter que la rédaction de la résolution contenant ces mots: « si certains pays le réclamaient avec insistance », la majorité du Congrès ne paraîtrait pas sympathique à la modification pour les Marques, comme elle l'est pour les Brevets; à bien examiner les diverses dispositions législatives des pays d'examen en matière de marques, on peut se demander si cet examen doit entraîner des lenteurs qui nécessitent en réalité l'extension du premier délai de trois mois consenti par le texte de la Convention.

DEUXIEME RESOLUTION. — Remanier l'article 6 de la Convention en ces termes:

« Toute marque de fabrique ou de commerce régulièrement déposée dans le pays d'origine sera admise à l'enregistrement et protégée telle quelle dans tous les autres pays de l'Union, même si elle n'était pas propre à constituer une marque d'après la législation intérieure de ce pays. Sera considéré comme pays d'origine le pays où le déposant a son principal établissement. Si ce principal établissement n'est point situé dans un des pays de l'Union, sera considéré comme pays d'origine celui auquel appartient le déposant.

« L'enregistrement pourra être refusé si la marque est considérée comme contraire à la morale ou à l'ordre public.

« Pourront être considérées comme contraires à l'ordre public les marques contenant des armoiries publiques ou des décorations.

« Il appartiendra aux autorités administratives ou judiciaires compétentes dans chaque pays de trancher les questions relatives à la priorité de la marque. Mais elles devront déterminer la date d'appropriation et la conservation de la marque d'après la loi du pays d'origine; l'appropriation ultérieure de la même marque par un ou plusieurs négociants d'un autre Etat ne pourra porter atteinte aux droits du premier propriétaire, à moins qu'elle n'ait eu lieu de bonne foi et dans un pays où la marque primitive n'était pas connue ».

La deuxième résolution tranche une difficulté qui a fait question en plusieurs pays. malgré le texte actuel de la Convention. « Les mots tels quels » n'impliquaient pas pour eux l'obligation de protéger une marque n'ayant pas les caractères propres à constituer une marque d'après leur législation intérieure.

Alors qu'il s'agit entre nations de protection mutuelle il s'agit également de sacrifices particuliers à l'intérêt commun, en premier lieu des exigences de leur législation intérieure. En particulier nous ne verrions pas bien pourquoi certains grands pays d'examen préalable en accédant plus ou moins prochainement à la Convention internationale, ne lui consentiraient pas volontiers le sacrifice de cet examen en des questions d'ordre en réalité secondaire, Il n'y a pas là de quoi arrêter le mouvement qui se produit, d'accession à la Convention.

Où l'on comprend que le droit à l'enregistrement s'arrête, c'est pour les marques considérées comme contraires à la morale et à l'ordre public.

Raison de premier ordre; questions de convenances pourtant et de mœurs particulières. La Convention se devait à elle-même de poser le principe dont l'application risque de varier sensiblement avec les latitudes! En pareille matière, quel sera le droit, que pourront invoquer les intéressés?

La Conférence a politiquement rédigé le paragraphe qui suit; on comprend en effet que sur ce point les différents pays veulent rester libres d'interpréter les questions d'honneur national et de considérer comme contraires à l'ordre public les marques contenant des armoiries publiques ou des décorations.

Le principe énoncé dans le 4e paragraphe n'est que la consécration des règles générales admises pour les questions de procédure.

Sur ce point en effet, la Convention ne pouvait point exiger de la part de différents Etats des sacrifices spéciaux, ces Etats ne pouvant véritablement modifier pour ces sortes de débats leurs règles ordinaires de procédure et le fonctionnement normal de leurs tribunaux. Instituer d'autre part une sorte de tribunal international était, on le comprend, chose impossible dont on n'a jamais eu l'idée. Où les législations des pays d'origine devaient être respectées, c'est pour la date d'appropriation et la conservation de la marque; on fait donc bien d'obliger les tribunaux étrangers à respecter cette loi d'origine sur ces deux points.

Les derniers mots sanctionnent justement en même temps que les droits du premier propriétaire ceux des négociants ou industriels d'un autre Etat qui auraient agi de bonne foi. C'est le respect de ce fameux droit des tiers qui est sur certains points si difficile à préciser exactement, et sur lequel on a tant combattu à propos de l'art. 4, à ce point qu'on en est venu à réclamer comme nous l'avons vu la suppression des mots « sous réserve des droits du tiers », insérés d'une façon générale, sans aucun détail les expliquant.

TROISIEME RESOLUTION. — « Il est à désirer qu'une classification internationale des produits soit établie. . . »

(Les termes de la proposition votée, impliquent que le soin de cette classification sera confiée au Bureau de Berne, mais qu'elle n'aura lieu que pour faciliter les recherches et les renseignements sans que l'inscription d'une marque requise par un déposant dans une ou plusieurs classes puisse en rien compromettre les droits véritables du propriétaire de cette marque).

QUATRIEME RESOLUTION. — « Intercaler après l'article 4 de l'arrangement de Madrid un nouvel article, en ces termes:

« Lorsqu'une marque déjà déposée dans un ou plusieurs des Etats contractants, a été postérieurement enregistrée par le Bureau international au nom du même titulaire ou de son ayant cause, l'enregistrement international, sera considéré substitué aux enregistrements nationaux antérieurs, sans préjudice des droits acquis par le fait de ces derniers ».

CINQUIEME RESOLUTION. — « Le Bureau international devra être autorisé à délivrer à toute personne qui en fera la demande, moyennant une taxe fixée par le règlement, une copie des mentions inscrites dans le registre relativement à une marque déterminée ».

SIXIEME RESOLUTION. — « Le Congrès émet le vœu que l'émolument international, prévu par l'art. 8 de l'arrangement de Madrid, soit réduit dans la plus large mesure possible, notamment pour les dépôts simultanés de plusieurs marques par un même propriétaire ».

Ce sont toutes mesures d'ordre général devant faciliter les inscriptions internationales, tout en sauvegardant les droits acquis: la dernière d'ordre financier, intéressant à ce titre la bourse des déposants, ayant bien son importance, car un plus petit prix ne peut que favoriser les inscriptions internationales et l'expansion générale des applications de la Convention.

DESSINS ET MODELES.

En cette matière analogue à celle des Brevets et des Marques, la Conférence devait adopter les mêmes principes et formuler les mêmes résolutions.

C'est ainsi qu'elle a décidé qu'il n'y aurait aucun inconvénient à insérer dans la Convention la disposition suivante:

« Le délai de priorité pour les dessins et modèles industriels aura comme point de départ la date de la première demande, et s'achèvera trois mois après l'acceptation de cette demande.

« Aucun dessin ou modèle industriel appartenant à un ressortissant de l'Union ne pourra être déclaré déchu dans les autres Etats par défaut d'exploitation.

« Il est à désirer que les dessins et modèles industriels admis au bénéfice de la Convention conformément aux articles 2 et 3 soient protégés dans tous les Etats de l'Union sans autres formalités que celles prévues et accomplies au pays d'origine ».

Le pays d'origine sera déterminé par les alinéas 2 et 3 de l'art. 6.

Un règlement arrêté d'accord entre les gouvernements déterminera la procédure suivant laquelle le propriétaire d'un dessin ou modèle fera la preuve, dans les autres pays, en cas de contestation judiciaire, des formalités accomplies au pays d'origine et de l'identité du dessin ou modèle protégé.

Rien de nouveau, dans ce chapitre, sur quoi nous devions particulièrement insister.

INDICATIONS DE PROVENANCE.

« Il n'y a lieu de modifier à l'heure actuelle, ni l'art. 10 de la Convention de Paris, ni l'arrangement de Madrid sur les indications de provenance ».

Simple confirmation de décisions antérieures.

CONCURRENCE DELOYALE.

« Les ressortissants de la Convention (art. 2 et 3) jouissent dans tous les Etats de l'Union de la protection accordée aux nationaux contre la concurrence déloyale ».

L'application de ce régime est bien désirable. Il est de l'essence même de la Convention d'accorder à tous ses membres cette hospitalité généreuse, sans restrictions. Le moins que se doivent des Unionistes, c'est une protection mutuelle contre la concurrence déloyale

En chargeant le Comité exécutif de l'association d'obtenir que le gouvernement allemand assure le bénéfice de la Loi de 1896 sur la concurrence déloyale aux ressortissants des pays qui accordent en fait la réciprocité aux allemands, le Congrès a bien marqué qu'entre tous pays, en dehors même de toute Convention, la protection contre la concurrence déloyale devrait être acquise comme une sorte de droit primordial, supérieur à toutes questions de nationalités.

Que la protection varie de pays à pays, cela va de soi; qu'elle dépende de la civilisation, des mœurs, des lois positives, de l'organisation et de la procédure des tribunaux, cela se comprend; mais qu'au moins elle existe, et qu'un fait de concurrence déloyale trouve partout sa répression; que les citoyens de toutes nations se sachent défendus, dans leurs droits commerciaux, en deçà, comme au-delà des frontières.

Telles ont été les résolutions prises par le Congrès de Vienne.

Nous verrons ce qu'en confirmera et sanctionnera la Conférence diplomatique de Bruxelles, si la Convention de 1883 qui a 14 ans d'existence en sortira modifiée de façon à continuer une vie meilleure.

Nous aurons soin de renseigner nos lecteurs, afin de les tenir, par là même, au courant de tous leurs droits.

Paris. — Imp. du Journal l' "Industrie Française", 14, rue de Lancry

TRAVAUX DE L'OFFICE

1. *OBTENTION DES BREVETS. — Conseils aux inventeurs, études préalables.*

   Descriptions, dessins et traductions, préparation de tous documents,

   REPRESENTATION devant les bureaux et toutes juridictions étrangères.

2. *DEPOT DES DESSINS ET MODELES INDUSTRIELS, DES MARQUES DE FABRIQUE ET DE COMMERCE. — Confection et établissement des marques, etc., etc.*

3. *SERVICE DES ANNUITES ET CONSTATS D'EXPLOITATION.*

4. *TRAVAUX TECHNIQUES. — Mise en œuvre des Inventions, Construction des appareils et machines. Installation dans les expositions et les usines.*

5. *NEGOCIATION DES BREVETS EN FRANCE ET A L'ETRANGER. — Exposition des Inventions. recommandation des Brevets aux industriels, négociants, capitalistes, banques, associations financières et syndicats français et étrangers.*

   VENTE DE BREVETS ET MARQUES.

   CESSIONS DE LICENCES.

   Rédaction et préparation des contrats sous-seing privés et notariés.

6. *CONSULTATIONS INDUSTRIELLES. — Mémoires techniques. renseignements sur les Brevets étrangers, analyses et comptes rendus de brevets, recherches et études des ANTERIORITES.*

7. *CONSULTATIONS LEGALES de droit industriel, français, étranger et international, avec citation ou analyse des jugements ou arrêts, texte des lois ou conventions, discussion des opinions d'auteurs.*
   Formation et statuts de Sociétés

8. *CONTENTIEUX DE LA CONTREFAÇON. — Arbitrages et expertises, amiables et judiciaires.*

   DIRECTION DES PROCES.

   PUBLICATIONS sur toutes questions de propriété industrielle (lois, conventions, jurisprudences).

   Traité du blanchiment des tissus de lin et de coton, par L. Tailfer.

   Spécialité des matières textiles.

DU MÊME AUTEUR

En Vente à l'Office, 28, Rue Saint-Georges

TABLEAUX COMPARATIFS des articles de lois, des différents pays en toutes matières concernant les Brevets d'Invention, dessins et modèles, marques de fabrique et de commerce.

PARUS (en août, septembre, octobre 1897).

1. EXPLOITATION DES BREVETS 0,25

2. PAIEMENT DES ANNUITES 0,25

3. DESCRIPTION DES BREVETS (avec ou sans dessins, échantillons ou modèle 0,25

4. NULLITE POUR INSUFFISANCE DE DESCRIPTION. 0,25

D'autres sous presse.

ANNUAIRE DES BREVETS : Revue des législations, Conventions internationales et Jurisprudences.

PARUS (en octobre, novembre 1897).

LES DESSINS ET MODELES ET LE DECRET DE 1806 --- La Jurisprudence en attendant la loi . . 0,30

LA CONVENTION INTERNATIONALE DU 20 MARS 1883 et la CONGRÈS DE VIENNE (2 et 7 Octobre 1897, --- Résolutions votées. 0,30

Autres traités sous presse (pour paraître prochainement).

EN PREPARATION :

JURISPRUDENCE FRANCAISE de ces dix dernières années (1887-97).

Jugements et Arrêts réunis d'année en année par chapitres spéciaux, en forme de traité de la Propriété Industrielle.

1. Brevets, 2. Dessins et modèles, 3. Marques de fabrique et de commerce, 4. Concurrence déloyale.

www.ingramcontent.com/pod-product-compliance
Lightning Source LLC
LaVergne TN
LVHW010016230826
846092LV00002B/849

* 9 7 8 2 0 1 9 2 8 8 8 0 8 *